O PODER DE
DELEGAR

DONNA M. GENETT, ph.D.

O PODER DE DELEGAR

Crie relações de confiança no trabalho e direcione seu foco para o que realmente importa

Tradução
Alexandre Tuche

24ª edição

best.
business

Rio de Janeiro – 2024

CIP-BRASIL. CATALOGAÇÃO NA PUBLICAÇÃO
SINDICATO NACIONAL DOS EDITORES DE LIVROS, RJ

F441c   M. Genett, Donna
   O poder de delegar / Donna M. Genett. - 24. ed. - Rio de Janeiro : BestSeller, 2024.

   ISBN 978-85-7684-066-4

   1. Delegação de autoridade. 2. Delegação de autoridade para empregados. I. Título.

06-2694
CDD: 658.402
CDU: 65.012.468

Título em inglês:
If You Want It Done Right, You Don't Have to Do It Yourself!

Tradução:
Alexandre Tuche

Design de capa:
Renata Vidal

Copyright © 2004 by Donna M. Genett

Todos os direitos reservados. Proibida a reprodução, armazenamento ou transmissão de partes deste livro, através de quaisquer meios, sem prévia autorização por escrito.

Texto revisado segundo o Acordo Ortográfico da Língua Portuguesa de 1990.

Direitos exclusivos de publicação em língua portuguesa somente para o Brasil adquiridos pela
Best Business, um selo da Editora Best Seller Ltda.
Rua Argentina, 171 – Rio de Janeiro, RJ – 20921-380 – Tel.: (21) 2585-2000, que se reserva a propriedade literária desta tradução.

Impresso no Brasil

ISBN 978-85-7684-066-4

Seja um leitor preferencial Record.
Cadastre-se no site www.record.com.br
e receba informações sobre nossos
lançamentos e nossas promoções.

Atendimento e venda direta ao leitor:
sac@record.com.br

Sumário

Introdução — 7

1. Conheça Jones e James: tão parecidos e tão diferentes — 9
2. James investe na delegação de tarefas — 17
3. Hora do segundo passo — 29
4. James define a autonomia — 39
5. Outro passo em falso — mas tudo fica bem quando termina bem — 53
6. Com o próprio chefe, James usa o que aprendeu sobre delegar de um novo modo — 63
7. Por que James está assobiando? — 69

Agradecimentos — 77

Introdução

Nos últimos 15 anos, treinei executivos para eles atingirem seu potencial máximo. Esses profissionais chegaram a mim com interesses e objetivos distintos. Os problemas que eles (ou suas empresas) me apresentaram variavam tanto quanto os cargos que ocupam ou ocupavam. Em algum ponto do processo de coaching, inevitavelmente precisei ensinar cada um deles a melhorar suas habilidades de delegar tarefas. Os alunos terminavam o processo se sentindo gratos, aliviados e ansiosos para colocá-lo em prática. Porém, a experiência dramática e o impacto disso tudo só me ocorreram em determinada semana de março de 2002.

Ao longo da semana em questão, treinei vinte pessoas. Como de costume, cada um dos clientes veio a mim com questões singulares, desde sentir-se sobrecarregado até sentir a necessidade de aprender como preparar seu time para lidar com funcionários difíceis. Parecia que, não importavam os "sintomas", a "cura" era sempre a mesma: aprender a delegar tarefas de maneira mais eficaz.

Ofereço vários serviços de consultoria, mesmo assim é raro para mim ter uma experiência tão intensa como tive neste caso. Mas o que mais me abriu os olhos foi a quantidade de reações consistentes ao método de delegação de tarefas que eu ensinei. Comentários como "Quem dera eu tivesse aprendido isso anos atrás!", "Isso vai mudar a minha vida!" e "Por que eles não ensinam isso na faculdade?" eram comuns. Mas o que eu mais ouvia era: "Todos os gerentes que conheço poderiam se beneficiar disso. É maravilhoso! Você deveria escrever um livro!" Então segui o conselho.

Eu já havia exercido cargos administrativos e sabia que desejava escrever um livro de leitura rápida e informativa. Um livro que oferecesse ao leitor algo possível de realizar e que fizesse a diferença no minuto em que a leitura terminasse. Um texto simples e prático que, ainda assim, fosse capaz de mudar a vida das pessoas que aplicassem o conteúdo.

Espero sinceramente que você, leitor, tenha reações parecidas com a dos meus clientes em relação a este poderoso método e obtenha muito sucesso delegando tarefas!

1

Conheça Jones e James: tão parecidos e tão diferentes

John Jones Jr. e John James Jr. não eram primos comuns. Cresceram na mesma cidade e na mesma rua, morando um do lado do outro. Suas mães eram gêmeas idênticas e grandes amigas, e por acaso se casaram com John Jones e John James quase na mesma época. Surpreendentemente, esses dois também eram grandes amigos de infância. Ainda mais surpreendente, os dois John Junior nasceram no mesmo dia e no mesmo hospital, com suas mães dividindo um quarto duplo!

Como ter quatro Johns na mesma família gerava muita confusão, os parentes se referiam aos primos como Jones e James. Com o tempo, todas as outras pessoas passaram a chamá-los assim também.

Ninguém sabia se as semelhanças entre os primos se deviam somente ao fato de as mães deles serem gêmeas idênticas. Mas não importava: no fim das contas os primos pareciam gêmeos e agiam como tal. Antes mesmo de estarem no jardim de infância, eles já tinham descoberto a capacidade que tinham de confundir deliberadamente a família e os amigos. No ensino fundamental, eles aperfeiçoaram essa arte. No ensino médio, passavam quase todo o tempo livre que tinham juntos, cursavam as mesmas disciplinas e praticavam os mesmos esportes. E se mantiveram sempre no mesmo patamar, tanto como alunos quanto como atletas.

Os primos foram para a mesma faculdade e continuaram a frequentar as mesmas disciplinas. Eram um pouco criticados por causa disso, mas qualquer um que prestasse atenção entendia que eles não faziam essas coisas por algum tipo de codependência. A verdade era que tudo fluía de forma muito natural, eles apreciavam as mesmas coisas e gostavam da companhia um do outro.

Depois da faculdade, eles seguiram com a tradição de surpreender a todos quando se casaram com irmãs gêmeas em uma cerimônia dupla (para falar a verdade, àquela altura ninguém mais se surpreendia — a situação se tornara divertida e curiosa). Constituíram família na mesma época. Foram contratados na mesma empresa e financiaram a compra de suas casas no mesmo quarteirão. Além do mais, cada um desempenhava suas funções muito bem. Todos estavam felizes. Tudo parecia estar bem.

E tudo *de fato* estava bem até Jones e James serem promovidos a gerentes. Seus escritórios ficavam em andares diferentes, então eles não se viam muito no início. Por um bom tempo os primos apenas supuseram que, como de costume, os dois estavam tendo experiências parecidas. Mas tal suposição não era mais segura. James começou a notar uma diferença. E, pior ainda, não era nada sutil.

Pelo contrário, era uma diferença que parecia aumentar cada mais!

Jones costumava tomar um café da manhã saudável antes de sair de casa e sempre voltava a tempo de jantar com a família. Já o horário de James não era nem um pouco regular. Na verdade, a agenda de James era totalmente caótica. Ele frequentemente pulava o café da manhã a fim de chegar no escritório um pouquinho mais cedo e sua volta para casa dependia de quantos incêndios ele precisou apagar naquele dia e de quantas pendências tinham ficado acumuladas na sua caixa de entrada.

Enquanto isso, Jones continuava a fazer aquilo de que gostava: jogava golfe, praticava marcenaria, lia livros sobre a Guerra Civil, levava as crianças para acampar... Em contrapartida, James acumulava tantas tarefas que ele *precisava* fazer que quase nunca tinha tempo para se dedicar às que ele *queria* fazer.

Em seu aniversário, a esposa de Jones lhe presenteou com férias no Havaí, para dois. Enquanto isso, a esposa de James mal estava falando com o marido, e isso perturbava muito seu coração e sua mente.

Jones tinha boa aparência — estava saudável e em forma. Provavelmente devido ao golfe e ao sol. Ele ainda corria três ou quatro vezes por semana. James via uma barriga protuberante sempre que olhava para baixo e, em geral, se sentia mais cansado do que gostava de admitir. O constante déficit de energia fez James se viciar em café, o que parecia deixá-lo mais atento — a quantidade que ele bebia, porém, só o deixava irritadiço.

No trabalho, Jones conversava e trocava sorrisos com o pessoal da sua equipe e se envolvia em vários eventos da empresa e da comunidade. Era explícito o quanto gostava de atuar como mentor, mostrando-se sempre disponível. James, por sua vez, não podia perder tempo. E, mesmo que conseguisse fazer sobrar algumas horas livres, não teria mais energia. Cada vez mais, tudo que ele queria era chegar ao fim do dia, ir para casa e desabar.

James soube que o chefe de Jones era um animado monitor de acampamento. Ele sem dúvida parecia relaxado e alegre com seus times. Para falar a verdade, todos no departamento de Jones pareciam relaxados e alegres. E não é de admirar. Eles atingiam e até mesmo ultrapassavam as metas ao mesmo tempo que contavam piadas e voltavam para casa na hora.

De maneira lamentável, o departamento de James se mostrava cada vez mais insuficiente: eles não batiam as metas. O chefe de James estava preocupado e vigilante. Os subordinados de James estavam inquietos e queixosos. A família de James estava, digamos, tão inquieta e queixosa quanto os funcionários.

James não vinha se sentindo muito bem também. Às vezes, seu pescoço ou sua cabeça doía e ele estava perdendo as esperanças em se equiparar a Jones.

Não parecia justo. Assim como o primo, James sempre demonstrara um excelente desempenho. Quando tinha que se preocupar apenas consigo no trabalho, ele conseguia realizar qualquer atividade que se dispusesse a fazer. No entanto, agora que era gerente, ele não só precisava fazer o próprio trabalho como também tinha que assegurar que o trabalho da equipe também estava sendo feito. E tudo tinha que estar conforme os padrões da empresa. Se não fosse assim, ele precisava intervir. E estava ficando cada vez mais difícil fazer com que o pessoal cooperasse. Eles pareciam perdidos, sem saber o que fazer. E quando faziam, levavam tempo demais.

A carga adicional de trabalho era enorme: havia relatórios a produzir e outros a avaliar. Memorandos e publicações especializadas aguardavam sua leitura. Reuniões contavam com sua presença. Além de tudo isso, ainda era encarregado de afazeres administrativos: inspeções de desempenho, contratações, demissões e, mais vezes do que ele gostaria, repreensões.

James soube de várias reclamações, principalmente sobre o fato de ele nunca estar disponível, mas também algumas sobre ele perder a paciência com muita facilidade. Porém, com sua carga de trabalho, havia pouco tempo para circular pelo andar e ele estava quase sempre tão cansado e estressado que perdia o tato para se dirigir às pessoas.

Seu chefe lhe falava que ele deveria delegar mais. No entanto, toda vez que James tentava repassar parte de sua carga, acabava com mais trabalho a fazer. O serviço não era feito da forma correta e sobrava para ele arrumar a bagunça.

James sempre acreditara que, como seu pai costumava dizer, "Se quiser que seja feito certo, faça você mesmo". Mas agora ele estava reconsiderando essa suposta sabedoria que pregava a autossuficiência. O que acontece quando você *não consegue* fazer tudo sozinho? Quando o trabalho é tão denso que requer a contribuição de várias pessoas?

Ele começou, então, a se perguntar se o dinheiro que tinha ganhado com a promoção compensava o preço que ele e sua família estavam pagando. Ainda assim, não queria perder o salário nem a oportunidade. James se sentia paralisado.

Certa noite, bem tarde, enquanto dirigia de volta para casa após mais uma vez perder o jantar com a família por problemas no trabalho, James chegou a uma conclusão. Ele precisava dar um fim à sua paralisia e fazer algo que nunca tentara antes. Tinha que tomar algumas atitudes.

Ele cogitou que novas atividades poderiam se tornar difíceis, outras, tediosas. Mas isso não seria problema. Ele estava cansado de sentir-se daquela maneira e estava disposto a fazer o que fosse preciso para conquistar resultados diferentes. O tipo de resultado que observava quando olhava para Jones.

Quando estacionou na entrada da garagem, James pensava em sua guinada e se perguntava sem parar: "O que fazer? E como fazer?"

2

James investe na delegação de tarefas

James sempre fora um bom solucionador de problemas, pelo menos até aquele momento. Achava que a melhor maneira de pensar em como resolver a questão era primeiro conversar com o primo.

Jones, por sua vez, estava preocupado com James. Notara o quanto o amigo parecia sobrecarregado e estressado nos últimos meses, mas também conhecia bem o primo. Em suas famílias, um conselho não solicitado em geral não era bem-vindo. Nenhum dos dois primos jamais gostara de dá-lo ou recebê-lo.

Jones havia decidido que precisava se distanciar e esperar que James o procurasse. Então, quando James sugeriu que almoçassem juntos, mesmo depois de não ter passado um período sem estar tão disponível, Jones agiu como se não fosse grande novidade.

Mas era. Na verdade, ficou bastante surpreso. Pela primeira vez na vida deles, os primos estavam tendo experiências tão diferentes.

— Então, Jon — disse James, batendo no ombro do amigo, como faziam quando eram garotos. — Como está se saindo? Está gostando de ser gerente?

Jones sorriu.

— Tive minhas dúvidas no início, mas até que gosto bastante. Acho que combina comigo e sinto que sou bom nisso. Gosto de estar no comando... É muito gratificante.

James retribuiu o sorriso. "Gratificante" não seria a palavra que ele escolheria... Era hora de aprofundar um pouquinho a conversa.

— Então, do que especificamente você gosta?

Jones inclinou a cadeira para trás, balançando-a um pouco.

— Essa é uma boa pergunta... e tenho pensado nisso ultimamente. Imagino que uma das razões seja o fato de que eu gosto de ajudar as pessoas a crescerem e se desenvolverem. Sabe como é... dar a elas uma chance de brilhar. Gosto de formar uma equipe campeã e ver como isso faz com que todos se sintam bem. Gosto de aceitar novos desafios e estendê-los a todos, a toda a equipe. Além de, bem, pôr a mão na massa, por assim dizer.

Jones fez uma pausa e então continuou.

— Poucos aspectos na minha vida causam uma sensação tão boa quanto fazer parte de uma equipe vencedora. — Ele se inclinou para a frente, colocando os quatro pés da cadeira no chão, e olhou para James, que tinha o cenho franzido.

— Você não parece estar sobrecarregado — apontou James.

Jones concordou com a cabeça. O cenho de James se franziu ainda mais.

— Então qual é o seu segredo? Como você gerencia? Você tem um clone em algum lugar para substituí-lo algumas vezes por semana e fazer seu trabalho enquanto você dorme?

Jones riu.

— Se você souber onde conseguir um, me avisa! Não, nada de clone, mas minha equipe e eu dividimos a carga de trabalho de uma maneira bem uniforme. E funciona muito bem. Avalio os pontos positivos, a força de trabalho e as oportunidades de cada membro da minha equipe, e levo em consideração seus interesses e objetivos pessoais também. Eu os chamo para conversar sobre esses aspectos, individualmente, e tento dividir o trabalho de acordo com isso! Eu delego. — Jones se perguntou se estaria parecendo um sermão.

— Isso é fácil demais de falar — disse James, mas sua curiosidade tinha sido despertada. — Parece algo extraído de um livro de administração. Cara, sou eu aqui. Fala a verdade. Quando você delega trabalho às pessoas, elas não acabam confundindo tudo? O fato de delegar não faz com que você tenha que consertar a situação um pouquinho mais adiante?

Jones deu um risinho.

— Ah, sim, isso pode acontecer, ainda mais no começo. Cheguei a pensar que meu pessoal fosse preguiçoso, que não estivesse motivado ou mesmo que não fosse competente o bastante. Até que Jennifer, uma de minhas subordinadas diretas, me corrigiu.

Agora James estava realmente interessado.

— Está brincando? Como ela fez isso? Quero dizer, por que você precisou ser corrigido, afinal de contas?

— Bem, é engraçado agora — explicou Jones —, mas na época eu fiquei desconcertado. Surpreso, poderíamos dizer.

— Vamos lá, me conta — pediu James, dando um soquinho em Jones. — Como nos velhos tempos.

— Tudo bem — concordou Jones, animando-se. — Não lembro exatamente quando isso aconteceu, mas foi logo depois de eu virar gerente do departamento. Dei a Jennifer uma pequena tarefa. Parecia bem nítida para mim e eu achei que também estivesse para ela quando lhe expliquei o que fazer, então voltei para o escritório e esperei. Mais tarde, naquele dia, ela voltou com algo totalmente diferente do que eu queria. Não fiquei satisfeito e tentei dizer isso a ela com cuidado para não magoar seus sentimentos. Cara, que besteira!

— O que aconteceu? — Por alguma razão, ouvir que Jones fez besteira causou uma sensação boa em James. *Jones também é humano*, pensou ele. É bom lembrar.

— Eu fui pego no pulo! Cara, ela não teve dó de mim. — Jones tornou a rir.

— O quê? Você está brincando! Você permitiu isso?

— Pensando nessa situação agora, acho que isso é o mais engraçado. Tudo que ela disse para mim foi certeiro. Ela me alfinetou. O que eu pensava ter sido erro dela, na verdade, tinha sido erro meu! E a conversa que eu pensei que ia ser para repreender Jennifer terminou com ela me colocando no meu devido lugar. Tudo que ela disse estava correto! Eu não tinha como discordar. Que tal essa lição de humildade?

James engoliu em seco e limpou a garganta. Afinal de contas, o que foi que Jones achou tão divertido no fato de ser humilhado?

— Então, se você não se importa que eu pergunte, o que ela disse?

— Não me importo nem um pouco. Tudo que ela disse foi a mais pura verdade. Ela falou que o problema não era sua incapacidade de realizar a tarefa. E de fato eu sabia que ela era capaz de fazer aquilo, ou não teria pedido. O problema era minha falta de detalhamento do que eu desejava.

— O quê? Sua falta de detalhamento? Explica melhor.

— Eu pedi que ela fizesse algo que ela nunca tinha feito antes. Pedi que montasse um folheto para a nossa nova campanha. Eu sabia que ela tinha mais afinidade com tarefas artísticas e pensei que ela apreciaria a oportunidade de usar sua criatividade. No entanto, ela voltou com algo totalmente diferente do que eu tinha imaginado. Não condizia com a imagem da empresa. E não era só isso: não tinha o conteúdo apropriado. Ela fez um folheto, e tudo bem, era o que eu tinha pedido, mas estava longe do esperado.

"Quando comecei a conversar com ela sobre isso, apontando todas as coisas que não tinham sido feitas corretamente, ela me interrompia com advertências como: 'Você não disse que tinha que ser assim', 'Você não explicou que precisava ser nesse formato', 'Você não especificou que o folheto deveria informar isso'. Finalmente, ela levantou a mão e disse: 'Se você tivesse me dito tudo isso antes, eu teria feito o que pediu e nos poupado muito tempo, para não mencionar esta conversa muito desagradável!'

"Assim que saí do choque, percebi que ela estava certa. Não me agradou ter que chamá-la para apontar erros e ela também não gostou de ouvir. O que piorou a situação foi saber que ela teria feito um grande trabalho se eu tivesse explicado em detalhes o que desejava. Combinamos que dali em diante nós dois nos asseguraríamos de que nossas expectativas em relação às tarefas estivessem alinhadas. Agora quando delego uma tarefa para Jennifer, dou instruções objetivas e detalhadas. Peço até que ela repita o que eu disse para confirmar que ela compreendeu direito, por precaução."

James ficou em silêncio por um momento, absorvendo tudo.

— Uau — disse James finalmente. — É simples, mas realmente importante. A verdade é que nunca pensei sobre isso dessa maneira.

Jones sorriu e bateu no braço de James.

— Nem eu, primo. Nem eu.

Quando James voltou para o escritório, ele pensou nas várias tarefas que tinha designado nos dias anteriores. Havia cometido o mesmo erro em todos os casos: não tinha sido claro o bastante. Agora ele podia ver, da perspectiva de seu pessoal, por que eles faziam as atividades daquela maneira. Antes, tudo que James enxergava era que a equipe não tinha feito o que ele queria.

Em seu escritório, James escreveu em seu quadro, onde costumava registrar os pensamentos mais importantes que surgiam em sua mente:

> - Defina e descreva claramente cada tarefa.
> - Seja específico.
> - Peça que o subordinado repita a tarefa para você a fim de assegurar que o resultado esperado tenha sido compreendido em sua totalidade.

Naquela tarde, James chamou Jason, um dos funcionários, ao escritório. Ele vinha pensando em uma tarefa recente que tinha delegado ao rapaz e no fato de que o resultado não tinha sido satisfatório. A conversa que se seguiu a isso também não foi boa e, desde então, havia tensão entre eles. James tinha passado as últimas horas tentando enxergar a situação pelo ponto de vista de Jason, buscando ver se a lição que tinha acabado de aprender poderia explicar o que acontecera entre eles e, quem sabe, até mesmo melhorar a situação.

— Jason — disse James —, você se lembra daquele trabalho que eu passei para você na semana passada? Aquele sobre o qual tivemos que conversar depois?

Jason olhou pela janela.

— Claro que me lembro. Como poderia esquecer?

Tentando não se abalar, James continuou:

— Você sentiu que realmente compreendeu o que eu queria quando lhe passei a tarefa? Por favor, seja franco.

Jason olhou para James, depois olhou pela janela mais uma vez.

— Bem, não. Acho que não de forma completa. Mas achei que provavelmente eu poderia descobrir. Não consegui, como você já explicou. Por que quer saber?

James sorriu, tentando deixar Jason à vontade.

— Bem, tenho pensado nisso, tentando compreender o que aconteceu. Então me deixe fazer outra pergunta: Se você não havia compreendido completamente o que eu queria, por que não me pediu para ser mais específico?

— Porque... — disse Jason um pouco alto, surpreendendo ao gerente e a si mesmo. Ele baixou o volume da voz e continuou: — ... eu não queria que você pensasse que eu era ignorante ou algo do tipo. Além do mais, eu tinha bastante certeza de que havia compreendido o que você queria em linhas gerais. Não tinha percebido aqueles detalhes até você me falar.

— Entendo. — James esfregou o queixo com a barba por fazer. Ele de fato podia perceber, da perspectiva de Jason, que devia ser difícil pedir mais explicações. Ele temia parecer pouco inteligente e supôs ter compreendido a tarefa o bastante para seguir em frente. Lógico que não tinha. Como Jason poderia ter entendido tudo se James não havia se dado o trabalho de explicar?

— Obrigado, Jason. Isso é tudo de que preciso agora. Aprecio a sua ajuda.

— Tudo bem — disse Jason, caminhando em direção à porta, ainda sem ter certeza do objetivo daquela conversa.

— Mais uma coisa, Jason — acrescentou James, esticando a mão.

— Sim?

— Me desculpe.

Jason pareceu aturdido, mas apenas por um instante.

— Obrigado, chefe — disse ele baixinho ao apertar a mão de James.

James se permitiu dar um grande sorriso após Jason deixar a sala. Ele se sentia bem pela primeira vez em tempos. Sorria enquanto saía do prédio e o contornava até o estacionamento nos fundos, despedindo-se das pessoas que encontrava pelo caminho. Também sorriu quando chegou em casa, e todos retribuíram o sorriso. Estavam felizes por ver a alegria voltando a James depois de tanto tempo.

No dia seguinte, James ainda estava bastante contente. Esforçou-se para delegar de maneira mais eficaz. Separou as pilhas de papel em sua mesa, fazendo uma pequena pilha para cada um de seus subordinados diretos e uma para si mesmo. Organizou cada uma de acordo com a dificuldade. Depois escolheu um item de cada pilha para delegar. Decidiu começar com as tarefas menores e mais simples, em parte porque sabia que tinha tanto a aprender sobre o processo de delegar quanto o seu pessoal teria com as atribuições que estaria delegando.

Ele refletiu bastante sobre cada uma das tarefas antes de passá-las adiante. Já que ia descrevê-las em detalhes, primeiro ele mesmo teria que compreendê-las em sua totalidade. O que exatamente ele esperava? Quais deveriam ser os resultados?

Estar preparado antes de se encontrar com a equipe o deixou mais confiante. James foi até o quadro e, acima do que ele tinha escrito no dia anterior, acrescentou:

- Prepare-se com antecedência.

Por volta das 17h30 daquela tarde, James tinha se reunido com cada um de seus subordinados diretos. Ele explicou com riqueza de detalhes o que esperava deles, o que queria que cada um fizesse e quais deveriam ser os resultados. Especificou quais atividades permitiam criatividade ou flexibilidade e quais precisavam ser feitas de maneira mais sistemática.

Após explicar cada tarefa, ele pedia ao funcionário para repetir as instruções. Às vezes, a pessoa acertava de primeira. Outras vezes, pequenos pontos precisavam ser mais bem esclarecidos. Ele tinha plena consciência do quanto não havia sido claro no passado e agora entendia o motivo de viver desapontado com o trabalho da equipe. Mas, mesmo assim, ele queria sorrir.

Até o final da semana, todos já tinham concluído corretamente a tarefa delegada. James deixava transparecer seu entusiasmo e satisfação. Um grande peso foi tirado de seus ombros. Ele se sentia alegre, os membros de sua equipe também. Todos no departamento sorriram naquela sexta-feira como já não o faziam havia muito tempo, inclusive James. Ele estava orgulhoso do que tinham realizado juntos.

Quando chegou em casa naquela noite, a esposa de James o olhou com curiosidade. Havia algo diferente. Ele parecia relaxado, entusiasmado com o final de semana. Tinha levado sua pasta de trabalho para casa, como de costume, mas não havia muita coisa nela — e ele continuava sorrindo.

Sua família estava cética quanto à permanência de seu novo e positivo estado de ânimo, mas decidiu aproveitar.

3
Hora do segundo passo

A semana seguinte não foi tão tranquila. Na segunda-feira, James delegou a segunda tarefa de cada pilha, pessoalmente. Como as tarefas mais simples já haviam sido distribuídas, essas eram mais complicadas do que as da semana anterior e tomaram mais tempo de James. Afinal de contas, ele precisava pensar em mais detalhes na hora de explicá-las. Precisava ter certeza do que queria. Também levou mais tempo com cada funcionário para se certificar de que a tarefa tinha sido transmitida de forma clara. Às vezes, era necessário mudar a maneira de explicar as tarefas para se adequar ao estilo de cada membro da equipe, mas ele não se importava com isso. Na verdade, essa parte transcorreu muito bem. No entanto, à medida que a semana passava um problema fundamental se tornou óbvio: as pessoas não estavam terminando suas tarefas a tempo.

Ele se perguntou se os funcionários estavam oferecendo resistência ao trabalho extra. Se fosse o caso, isso poderia ser um grande problema — e tudo que sua equipe não precisava era de mais problemas, ainda mais agora que havia acabado de surgir a esperança de melhora. Era hora de dar um tempo. Hora de conversar com Jones.

— Bom dia, amigo! — disse ele dando o melhor de si para reproduzir um sotaque australiano ao entrar no escritório de Jones e se sentar em uma das cadeiras de visitantes.

— Ach! — exclamou Jones com um longo e arrastado sotaque escocês. — Me alegra o coração vê-lo de volta tão cedo, rapaz. Qual é o problema?

— Ah, nada de mais. Na verdade, andei passando um pouco de trabalho da minha mesa para o meu pessoal. Dá uma sensação boa.

Jones sabia que esse era o jeito de seu primo agradecer sua ajuda, mostrando que ele pôs em prática as lições sobre as quais haviam conversado.

— Excelente! E como está indo, meu velho? — disse ele, tentando imitar o sotaque do leste de Londres.

James se levantou, andou até a parede e endireitou uma foto em preto e branco da Ponte do Brooklyn.

— Então... até que começou bem. Pra falar a verdade, achei que foi ótimo. Mas agora a equipe não está conseguindo executar as tarefas a tempo. — Ele olhou rapidamente para Jones, que apenas assentiu com a cabeça e sorriu.

— Ah, sim — disse Jones.

— O que você quer dizer com "Ah, sim"? Aconteceu com você também? Pensei que você e Jennifer tinham se acertado depois daquela história e viviam felizes para sempre.

Jones balançou a cabeça.

— Não, nem um pouco. Aquilo foi só o começo.

claro quando delegasse algo a você, não posso acreditar que você esteja me decepcionando assim."

James sentou-se de novo e examinou o dorso da mão.

— Tudo bem... você foi sincero. Óbvio que isso era o correto a ser feito. — Ele deu uma olhada para Jones e depois tornou a dirigir sua atenção para a própria mão. — Hã, você não estava com raiva, estava?

Jones riu.

— Ah, não. Eu não. Mas, cara, Jennifer estava fumegando! "Te decepcionando?", disse ela, olhando para mim como se eu tivesse acabado de derramar suco de amora no seu carpete branco novo. "Me explica isso, e, por favor, seja claro."

"Devo admitir que ela me deixou um pouco preocupado naquele momento, mas lidar com funcionários com desempenho abaixo do esperado é parte do trabalho de um gerente, certo? Então soltei o verbo. Disse que tinha certeza de que ela teria terminado a tarefa em um dia, dois no máximo. Repeti que estava muito decepcionado. Fiz questão de lembrar que ela sabia que o projeto era urgente."

— Ok. Então...?

— Bem, então mais uma vez ela me fez enxergar o óbvio. Devo dizer que foi como receber um balde de água. Eu me lembro de suas palavras exatas. Ela disse: "Para falar a *verdade*, eu *não* sabia. Você nunca me *disse* que era urgente, e *não* estabeleceu uma data-limite ou um prazo para o trabalho. Estava esperando que eu lesse sua *mente*?" Tudo que eu pude dizer foi "Ai!". Ela me atingiu em cheio de novo. O suposto erro *dela* era mais uma vez um erro meu,

— Só o começo? Isso não me parece bom...

— Ah, mas sabe que foi? Não imediatamente, claro. Eu precisei aprender algumas outras coisas com Jennifer antes de saber delegar com eficácia. A princípio, as coisas transcorreram muito bem. Após aquela nossa primeira conversa, sobre a qual lhe contei, fiquei satisfeito com ela e comigo mesmo. Isso durou alguns dias, até eu passar o projeto Simpson para ela.

— E o que é o projeto Simpson?

— Bem, digamos apenas que era muito importante e muito urgente. Deleguei esse trabalho a Jen porque tinha certeza de que ela daria conta. Fui claro sobre minhas expectativas, especifiquei os pontos que precisavam ser executados exatamente do modo combinado e aqueles em que ela teria liberdade de ação. Pedi para ela repetir o que eu tinha dito e nós dois achamos que estávamos no caminho certo. Já no final do dia seguinte, eu ainda não tinha recebido notícias do projeto, então passei pela mesa dela e perguntei como as coisas estavam indo. Ela apenas disse: "Bem." Fiquei tranquilo e comentei: "Que bom."

— Ok, então qual era o problema? — James não conseguia entender o que ele tinha deixado escapar.

— O problema era que ainda não havia um projeto. Ou, pelo menos, não parecia haver um. Depois de repetirmos quase a mesma situação por mais dois dias, eu dei um basta. Chamei Jennifer ao meu escritório, disposto a ser claro e firme. Até ensaiei o que diria. Fiz anotações. Você entende? Eu estava realmente desapontado. Disse isso a ela também. Falei: "Jennifer, depois de todo o esforço que fiz para se que não comuniquei minhas expectativas com clareza, e nós dois sabíamos disso.

James fez uma careta.

— Cara, então o que você fez para resolver a situação?

Jones deu de ombros.

— Bem, o que poderíamos fazer? Conversamos sobre o assunto e incluímos limites de tempo à lista do que preciso comunicar quando delego tarefas.

James meneou a cabeça em afirmativa, sorriu, se levantou e deu alguns tapinhas fraternais no ombro de Jones.

— Não é bem uma ciência exata, como a de construir foguetes, é?

Jones balançou a cabeça.

— Não. Mas você deve pensar nisso. E tem que aprender a construir foguetes melhores ao longo do caminho. Aprendemos com os nossos erros, certo?

De volta a seu escritório, James se sentia satisfeito de estar aprendendo — não apenas com seus erros, mas com os de Jones também. Em seu quadro, abaixo das anotações anteriores, ele escreveu:

> - Defina claramente a data-limite para a conclusão de uma tarefa.

James colocou suas músicas favoritas para tocar e reviu cada uma das tarefas que tinha designado naquela semana. Várias delas eram urgentes, e estas sempre causavam a maior preocupação e o maior estresse. No entanto, ele ficou tão concentrado em se certificar de que as linhas principais das tarefas estivessem claras e corretas que se esqueceu de falar com os funcionários a respeito do prazo. Ele tinha se esquecido até de *pensar* nisso.

James estabeleceu datas-limites para cada tarefa e conversou mais uma vez com cada um dos funcionários, esclarecendo os prazos. Ficou chocado por ninguém ter percebido que o tempo era um fator essencial. Todos agradeceram pelo esclarecimento.

Mais uma vez, tudo parecia transcorrer bem em seu departamento. James estava sorrindo de novo. Mergulhou no próprio trabalho, sentindo-se confiante de que as tarefas que ele havia delegado seriam feitas de forma correta e a tempo. Tinha plena consciência de que sua carga de trabalho já havia diminuído e se divertiu com as consequências disso por alguns minutos. Era uma sensação boa. Muito boa.

Naquela noite e pelo resto da semana, James saiu do escritório uma hora mais cedo do que de costume. Na sexta, durante o jantar, quando sua esposa perguntou o que tinha mudado no trabalho que permitia que ele viesse para casa cedo, ele se levantou e contornou a mesa até ela, deu-lhe um grande abraço e disse: "Eu!"

James teve o melhor final de semana de muitos meses. Sem aquela constante sobrecarga de trabalho que o esperava no escritório pesando em seus ombros, ele podia relaxar. Sentia-se de fato mais leve e mais despreocupado. No sábado, consertou e lixou um lindo e velho baú que havia comprado anos antes em uma venda de garagem. Ensinou à filha de 10 anos a melhor forma de lixar a madeira e deixá-la lisa como cetim. No domingo à tarde, eles receberam a família de Jones para um churrasco. Foi o primeiro domingo em muito tempo que ele não teve que correr para se preparar para a segunda-feira.

— Sabe que você está com uma boa aparência, James? — comentou Jones enquanto se servia da terceira porção de salada de batata. — Fazia um tempo que eu não via você bem assim.

James lançou uma azeitona no ar e pegou-a com a boca.

— Muito obrigado, Jon. — Ele sorriu. — Por tudo.

4

James define a autonomia

O departamento de James começou a semana seguinte em alta. Todos pareciam estar se sentindo bem. James sabia que a próxima tarefa da pilha de cada um seria a mais difícil até então, e, mais uma vez, fez o dever de casa antes de conversar com eles. Como antes, ele definiu com clareza de detalhes as áreas em que era permitido flexibilidade, bem como as partes que deveriam ser feitas exatamente conforme o combinado. Definiu os prazos e especificou o limite de tempo para cada tarefa.

Ainda se sentia um pouco impaciente com o tempo que levou para preparar tudo. Uma parte dele queria apenas mergulhar fundo e fazer o trabalho ele mesmo, ou entregá-lo a alguém e torcer pelo melhor. Mas ele sabia aonde esse caminho levava. Lembrou-se bem da ansiedade e da frustração que sentiu antes e do que disse à filha no último fim de semana enquanto lixavam o velho baú: "Quanto mais detalhado for o trabalho de preparação, mais rápido ele será realizado e mais feliz você ficará quando estiver pronto."

Assim que terminou de preparar tudo, a seu gosto, James se reuniu com cada membro da equipe para repassar as novas tarefas. Ele achou que as conversas foram boas. Cada um dos subordinados repetiu o que entendeu do que ele havia dito e a maioria parecia ter uma boa noção do que estava sendo solicitado. Quando houve dúvida, James discutiu o projeto com seu funcionário até que os dois ficassem satisfeitos.

Todos pareciam entusiasmados com os novos desafios. James se perguntou se a equipe enxergava as tarefas como um voto de confiança. Porque, de fato, era isso.

Ele sorriu ao se lembrar de Jason passando em seu escritório no começo do dia apenas para comentar que ele sentia que o departamento finalmente estava se tornando uma verdadeira equipe e ele, um membro contribuinte. Que feedback maravilhoso! Com que frequência reações daquele tipo aconteciam?

A euforia de James durou até a reunião de quarta-feira com Josh, cuja tarefa estava no prazo. Para o espanto de James, Josh tinha ido além do que ele havia pedido. O funcionário tinha tomado uma decisão que acabou causando um impacto enorme. O resultado gerou constrangimento para o departamento e, sobretudo, para Josh. James, por sua vez, não ficou tão constrangido quanto ficou desconcertado. Como isso pôde ter acontecido? Ele tinha tomado tanto cuidado. Passou tanto tempo preparando Josh e reiterando sua tarefa à perfeição. Ele tinha sido claro e minucioso. Havia estabelecido uma programação completa com uma data-limite.

Dessa vez, James foi até a lanchonete para comprar cafés e bolinhos antes de se dirigir para o escritório de Jones. Ele não estava constrangido com o erro honesto de Josh e sem dúvida não ficaria constrangido ao conversar sobre isso com Jones.

— Eu não entendo —começou a falar James antes mesmo de se sentar ou abrir a embalagem dos cafés. — Me diz onde errei. Eu expliquei com nitidez uma tarefa para Josh. Falei sobre a programação dentro da qual ela deveria estar pronta. Ele repetiu com as palavras dele as minhas instruções. E ele havia entendido! Mas Josh foi muito além dos limites e tomou uma decisão para a qual não tinha autonomia. É claro que as pessoas notaram e não estão felizes com isso.

— Ah, então é isso — disse Jones, dando uma espiada dentro da sacola da lanchonete.

— Não me venha com "Ah, então é isso" — desdenhou James. — Suponho que você não ache que seja grande coisa.

— Os erros acontecem. Nesse caso, não houve dano, certo? Dizem por aí que a companhia provavelmente sobreviverá. E, falando sério, a mesma coisa aconteceu comigo. Mas comigo foi com... adivinha...

— Jennifer? Está brincando, não está? Você teve mesmo alguns problemas com ela.

— Talvez, mas também se poderia dizer que ela teve alguns problemas comigo.

James mordeu quase metade de seu bolinho, balançou a cabeça em afirmativa e fez gestos de "vamos lá, me conte" com sua mão livre.

— Bem, à medida que eu delegava mais tarefas para Jennifer, ela continuava entregando um excelente trabalho e parecia motivada a buscar novas responsabilidades. Não demorou muito para eu lhe dar um projeto de bom tamanho, mais complexo que aqueles com os quais ela tinha lidado antes. Quando expliquei a tarefa, tinha consciência de que precisava ser ainda mais claro sobre detalhes e prazos. Parecia que ela tinha compreendido tudo que eu disse, então quando retornou a mim com o resultado final, quase caí da cadeira! Ela tinha assumido compromissos para os quais não tinha autonomia e ainda por cima envolveu pessoas que não deveriam ter sido envolvidas. Foi uma tremenda bagunça.

James engoliu e limpou a boca.

— E é óbvio que a empresa sobreviveu. Mas o que você fez? O que disse?

— Bem, você pode apostar que eu não estava interessado em um replay de nossas conversas anteriores, então tentei uma abordagem diferente. Pedi que Jen repetisse tudo que ela pudesse se lembrar de nossa primeira conversa, quando deleguei o projeto a ela. Ela lembrou bem, então sem dúvida compreendeu a tarefa. Depois perguntei por que ela tinha assumido aqueles compromissos sem autorização e envolvido aquelas pessoas sem me consultar. Ela disse que, a partir das minhas instruções, ela teve a nítida impressão de que esse projeto era dela do começo ao fim e que ela deveria fazer o que fosse preciso para realizá-lo. Contou que achava que era necessário assumir os compromissos e envolver tais pessoas como havia feito.

"Eu discordava, mas o que poderia dizer? Ela estava certa de novo. Dessa vez, eu não tinha sido claro quanto ao seu grau de autonomia para a execução da tarefa. Parece que você cometeu o mesmo erro, não acha?"

James ficou em silêncio. Era verdade? Depois de todo esse trabalho delegando tarefas sendo o mais claro possível, ele tinha falhado em um detalhe tão importante? Por um instante, sentiu-se desconfortável, quase culpado, mas logo passou. Ele então abriu um sorriso largo.

— Eu diria que sim. Lógico que você tem razão, Jon. Foi exatamente isso que aconteceu. — Uma sensação de alívio percorreu-lhe o corpo. Aquilo era fácil de consertar. Ele ainda estava no caminho certo; o acontecido não passava de um pequeno desvio de percurso.

Mais uma vez, de volta ao escritório, ele escreveu no quadro:

> - Definir o grau de autonomia do funcionário ao delegar uma tarefa.

Mas como se define autonomia? James se perguntava se havia diferentes níveis, diferentes tipos. Ele pensou em Josh e em Jen e em outros projetos à espera de serem delegados. Sob a anotação anterior, ele acrescentou:

> 1. Autonomia para RECOMENDAR.
> Permite ao funcionário pesquisar planos de ação e propor a melhor alternativa. Atribuir este grau de autonomia quando

precisar de informações específicas antes de tomar uma decisão.

2. Autonomia para INFORMAR sobre a ação e colocá-la em prática.

   Permite ao funcionário pesquisar e escolher o melhor caminho; reportar o porquê da escolha e dar início à ação. Atribuir este grau de autonomia quando quiser que possíveis planos de ação sejam previamente informados para que problemas potenciais possam ser prevenidos.

3. Autonomia para AGIR.

   Confere ao funcionário autonomia plena para tomar decisões referentes à tarefa ou ao projeto. Atribuir este grau de autonomia quando tiver total confiança nas aptidões da pessoa ou quando a tarefa envolver riscos mínimos.

James projetou uma tabela para ajudá-lo a atribuir graus de autonomia adequados com base na importância das tarefas, nos riscos inerentes ao projeto e no conhecimento e na especialização da pessoa a quem a tarefa for delegada:

	Conhecimento e especialidade do funcionário		
Importância da tarefa e/ou nível de risco do projeto	Alto	Médio	Baixo
Alto	Informar sobre a ação e colocá-la em prática	Recomendar	Recomendar
Médio	Agir	Informar sobre a ação e colocá-la em prática	Recomendar
Baixo	Agir	Agir	Informar sobre a ação e colocá-la em prática

Naquela tarde, James chamou Josh ao seu escritório. O funcionário parecia desconfortável, preparado para o pior. Ele evitava o olhar de seu chefe.

— Josh... — James começou a falar. Por um segundo, ele pensou ter visto o homem se encolher, mas talvez tenha sido impressão. — Sente-se. Relaxe. Acho que sei o que deu errado naquele projeto que deleguei a você.

— Eu fiz uma grande besteira — disse Josh.

— Não! Para falar a verdade, acho que *eu* é que fiz uma grande besteira.

Josh parecia atordoado.

— *Você?*

— Espere um minuto. Eu tenho algumas perguntas que podem confirmar se estou no caminho certo. Me diz o que você entendeu da nossa conversa quando designei o projeto a você.

Josh se lembrou de detalhes que até mesmo James tinha esquecido.

— Tudo bem, excelente. E o que você acreditava que deveria fazer para finalizar o projeto a tempo?

— Como assim? Eu faria o que fosse preciso, é claro.

— Isso! — exclamou James, batendo com a palma da mão na mesa e assustando Josh. — O que fosse preciso! Então, pelo que você entendeu, Josh, você estava fazendo o necessário para finalizar o projeto dentro do prazo que tínhamos estipulado, certo?

— É, mais ou menos isso — respondeu Josh, lentamente. Ele estava começando a sentir como se estivesse em um tribunal. E não gostava muito de tribunais. — Então, senhor, com o devido respeito, qual é seu ponto de vista? Não entendo por que disse que *você* fez uma grande besteira. Fui eu quem colocou a equipe numa fria.

— Você sabia que estava nos colocando numa fria quando decidiu tomar aquelas decisões? — perguntou James.

— Bem, não. Lógico que não, ou nunca teria...

James apoiou uma das mãos no ombro do jovem.

— Preste atenção: quando lhe passei o projeto, não defini seu nível de autonomia. Não te disse até que ponto você poderia ir sozinho. Você fez o melhor que pôde com a informação que recebeu. Se eu tivesse sido mais claro, você teria me procurado antes de tomar qualquer decisão e nunca teríamos entrado numa fria.

Ele apontou para o quadro.

— Dê uma olhada nisso.

Enquanto Josh lia o que estava escrito no quadro, aos poucos um sorriso surgiu em seu rosto.

— Tudo bem, me convenceu. Parece que você *realmente* fez uma grande besteira.

James riu.

— Isso nos deixa quites.

Josh riu com ele por alguns segundos e depois voltou a ficar sério.

— Não sei se disse isso, mas realmente sinto muito pela confusão que causei.

Aquela semana tinha sido a melhor desde que James ocupara o cargo de gerente. Saía de casa de manhã, em um horário razoável, e voltava para sua família à noite também em um bom horário. As papeladas em sua mesa estavam diminuindo de forma constante, enquanto o moral de seu departamento aumentava. Tinha notado que as pessoas estavam sorrindo mais. E, sem dúvida, estavam contribuindo mais. Como Jason dissera, eles agora trabalhavam como uma verdadeira equipe e todos estavam mais contentes com isso.

James também estava contente. Ele tinha conversas mais curtas, porém mais frequentes com seus colegas de trabalho e as apreciava mais. A tensão que tomara seu corpo por tanto tempo que ele nem conseguia se lembrar quando havia começado, finalmente sumiu. Às vezes, ele ousava desejar que ela nunca retornasse.

Duas coisas eram certas: ele não passava mais o tempo todo enfurnado em seu escritório e parecia que sua equipe apreciava isso. Ele descobriu que distribuir palavras de incentivo, elogios e ouvir as pessoas conversarem sobre como resolver problemas e atingir melhores resultados eram coisas que lhe traziam muita satisfação.

Em casa, sua família começava a notar as mudanças. Antes, James chegava, abria uma cerveja, afundava no sofá e logo fechava os olhos. Se um membro da família quisesse atenção, a melhor hora para consegui-la era à mesa — supondo-se que aquele seria um dos raros dias em que ele chegava em casa a tempo de comer com a família. Após o jantar, tudo que James queria era ler o jornal ou assistir um pouco de TV antes de ir para a cama.

Em sua nova fase, porém, ele passou a brincar de atirar argolas com o filho e a ajudar a filha com o dever de casa. Às vezes, os quatro saem para comer uma pizza — algo que não faziam há anos —, e ele e a esposa costumam passear à noite pelo bairro antes de dormir.

São atividades simples, mas que o fazem se sentir muito bem! James já não era mais um hamster em uma roda. Não havia dúvida de que poderia ser como Jones, se quisesse. E falando em Jones, que grande sujeito. Que grande professor. Que grande amigo!

5

Outro passo em falso — mas tudo fica bem quando termina bem

Duas semanas depois, quando James começava a sentir que tinha entendido tudo, surgiu outro problema. Dessa vez se tratava de Jessica. Ele tinha delegado a ela o último dos projetos que sobraram das pilhas sobre sua mesa. Todas as tarefas estavam no prazo agora, inclusive o dela. E os últimos eram os maiores e mais complicados projetos até então.

Quando Jessica o procurou para informar sobre o andamento do trabalho, estava radiante de orgulho. Seu projeto envolvia muitas etapas durante um longo período de tempo e ela acreditava ter lidado com tudo da maneira mais cuidadosa. Porém, quando James viu o resultado quase passou mal. Tentou se mostrar entusiasmado, para não desmotivá-la, mas os resultados estavam tão longe do ideal que ele ficou atordoado. Procurando ganhar tempo, James disse:

— Obrigado, Jessica. Tenho algo de que preciso cuidar agora, então me deixe pensar sobre o relatório do seu projeto. Volto a conversar com você assim que puder. — Ele precisava consultar Jones. E logo.

Enquanto saía, Jessica não conseguiu evitar que sua linguagem corporal revelasse o quanto se sentiu diminuída. Ela se confortou ao notar que James não parecia estar zangado. Ou, se estava, não demonstrou. No entanto, ele parecia desapontado. Depois de todo o trabalho árduo que ela dedicara ao projeto, desapontamento não era o que ela esperava — e as possíveis consequências disso não a agradavam.

No caminho para o escritório de Jones, James tentava entender o que ele tinha feito de errado. No entanto, se pegou surpreso com sua mudança de atitude. Antes, ele teria procurado o erro no subordinado. Agora, ele se perguntava se mais uma vez falhara em ser claro o suficiente.

— Grandes problemas desta vez — disse James ao bater e entrar no escritório de Jones. — Tem um minuto?

— Claro. Qual é o problema? — Jones salvou seu trabalho e se afastou do monitor.

— Bem, há duas semanas eu deleguei um projeto importante para Jessica. Era o último da pilha e, ainda por cima, o mais difícil. Pensei que ela estivesse preparada, mas o que ela me apresentou não serve. De jeito nenhum. Agora perdemos duas semanas, e isso não é bom. Precisará ser refeito. E o gerente aqui é quem vai ter que assumi-lo.

— Espere um minuto — disse Jones, levantando a mão. — Não tem motivo para você pegar o projeto de volta. Seu julgamento a respeito das pessoas é bom. Sempre foi. Jessica pode dar conta. Ela provavelmente só precisa de mais orientação.

— De mim? Mais orientação?

— É. Você é a pessoa certa. Jennifer também precisou quando aumentei o tamanho de seus projetos pela primeira vez.

— Jennifer de novo não! — resmungou James, revirando os olhos.

— Não posso evitar. — Jones riu. — De certa maneira, ela me ensinou tudo que sei sobre delegação de tarefas. Se ela não estivesse disposta a correr alguns riscos comigo, talvez eu não tivesse aprendido o jeito certo de delegar. Ainda estaria me matando de trabalhar, me enfiando num buraco que fica cada vez mais fundo. Em vez disso, este departamento atinge e frequentemente excede suas metas individuais e de equipe. Meu pessoal se sente desafiado e feliz. A opção por delegar tarefas permite desenvolver as pessoas, treiná-las e orientá-las. E, como alcançamos mais êxitos, tenho mais razões para reconhecer os esforços de cada um, algo que aprecio de verdade. Se for preciso, tenho também registros documentados de baixos desempenhos, o que, até que você tenha que pedir a alguém para melhorar ou sair, não parece ser tão importante assim. James, velho marujo, Jen me tornou um gerente melhor. Devo isso a ela!

— É, estou vendo — foi tudo que James conseguiu dizer por um momento. Então, ele lembrou por que estava lá.
— De qualquer maneira, devo ter esquecido algo quando deleguei o projeto a Jessica. Imagino que você saiba bem o que é, então me dê uma luz, primo. Sou todo ouvidos.

— Você tem razão, esqueceu mesmo algo. Exatamente como fiz com Jennifer. Quando uma tarefa ou um projeto se torna maior e mais complexo, é importante estabelecer pontos de verificação. Eles ajudam a ter certeza de que as coisas estão caminhando na direção correta. Os pontos de verificação devem ser próximos no início do projeto. Mais tarde, após o executor ter demonstrado competência e provado que está no caminho certo, os pontos podem ser espaçados. Assim, você não permite que o projeto fique tanto tempo sem o seu acompanhamento. Se algo sair dos trilhos, você vai conseguir contornar o problema antes que se torne sério.

James assentiu com a cabeça.

— Isso faz sentido. Se eu tivesse agido assim, teria poupado a Jessica muito tempo e energia. Sem mencionar que...

— Salvaria a pele dela! — Jones completou. — Na verdade, provavelmente teria assegurado o sucesso do projeto, não acha?

— É verdade — disse James —, e nossa reunião teria sido muito mais gratificante do que a breve conversa que tivemos. Isso é fato.

— Eu acho que ele entendeu... Senhor, ele entendeu! Jones brincou.

James sorriu, mas havia algo que o estava corroendo e ele precisava saber.

— Jon, por que você não me disse isso logo no início? Por que deixou que eu errasse, para então me dar mais detalhes sobre como delegar? Você poderia ter facilitado as coisas para mim.

— É mesmo? Teria sido mais fácil? — perguntou James com as sobrancelhas levantadas. — Se lembra a primeira vez que você entrou aqui para falar das agruras de ser gerente? Pelo que me recordo, você não estava em um estado de ânimo muito receptivo.

James tentou se lembrar.

— Provavelmente é verdade. Mesmo assim, você poderia ter me contado tudo naquela época. Não entendo.

— Talvez pudesse. Talvez eu devesse ter feito isso. Mas acho que, às vezes, é melhor começar com pouco e experimentar alguns sucessos antes de passar para algo maior. Assim nos convencemos melhor. Entende o que quero dizer? É da natureza humana, costumamos estar abertos a situações novas e mais difíceis se tivermos obtido êxito em outras menores e mais simples.

— Tal como com a delegação de tarefas... Entendo isso, mas às vezes esqueço.

— É, eu também. Na verdade, esse foi um bom lembrete.

Os dois ficaram em silêncio por alguns instantes, imersos nos próprios pensamentos. Quando Jones viu um sorriso no rosto de James, disse:

— Hum, mais uma coisa, companheiro...

— Sim? O que é?

— Você ainda não assimilou todo o processo de delegar tarefas.

— Não me diga...

— Não se preocupe. Há apenas mais um ponto crítico. Posso dizer agora porque sei que você está preparado.

— Você tem certeza de que não vai perder a chance de me ver dar com os burros n'água.

Jones riu, como era de se esperar.

— Preste atenção: quando um funcionário tiver concluído qualquer trabalho que você tenha delegado, sempre faça uma recapitulação completa, um interrogatório.

— Um interrogatório? Parece coisa do exército. Seja mais específico.

— Bem, eu me concentro em três coisas: o que foi bem-sucedido, o que poderia ser melhorado e o que nós aprendemos. Peço uma impressão sobre cada um dos pontos e comento a minha. Isso faz com que eu passe de chefe a coach. Quero identificar aspectos a serem aprimorados, reforçar o crescimento que já foi atingido e aplaudir os êxitos. Às vezes, preciso dessa recapitulação para delinear exatamente áreas com desempenho abaixo do esperado e deixar claras minhas expectativas e sugestões de melhorias.

Jones riu e balançou a cabeça antes de continuar:

— Mais uma vez, não se preocupe. Esta é, na verdade, uma das etapas mais valiosas de todo o processo. No longo prazo, e até mesmo no curto prazo, facilita o seu trabalho e ajuda as tarefas a correrem suavemente. Em geral, isso faz com que as pessoas se sintam bem. Também ajuda quando chega a hora das análises de desempenho. Se você faz anotações sobre tudo, então tudo está documentado e datado.

James não tinha certeza do que dizer. Ele estirou a mão e falou:

— Jones, meu amigo de todas as horas, quero que saiba que isso significa muito para mim. Parece clichê, mas esse conhecimento está mudando a minha vida. E meu departamento. E minha família também, eu acho. Como posso agradecê-lo?

Jones segurou a mão estendida de James e puxou-o **para** dar-lhe um breve abraço e tapinhas nas costas.

— Bem, um ou dois filés na grelha provavelmente **re**-solveriam o caso. Ou alguns daqueles hambúrgueres **com** cebola que você faz.

— Tudo bem. Que tal na sexta-feira? Às 6h da tarde? Leve todo mundo. Vamos transformar isso numa festa.

James quase correu até o escritório para fazer algumas anotações no quadro:

> - Marque reuniões de verificação para acompanhar o projeto e oferecer orientação, se necessário. (Marque-as logo e com frequência, a princípio. Depois aumente os intervalos.)

Ele parou por um minuto, tentando se lembrar da última coisa que Jones lhe disse. "Ah, sim!", murmurou para si e fez outra anotação no quadro:

> - Concluir o processo com uma recapitulação das etapas para discutir o que deu certo, o que poderia ser aprimorado e o que foi aprendido.

James assimilou tudo que tinha escrito no quadro, pensando em como aquelas instruções tinham, como disse a Jones, mudado a sua vida. Era surpreendente, ainda que essencialmente simples.

6

Com o próprio chefe, James usa o que aprendeu sobre delegar de um novo modo

Enquanto contemplava o que tinha escrito no quadro, James pensava em outros gerentes atormentados da empresa que poderiam se beneficiar daquele processo. Começou a se perguntar como poderia compartilhar as lições que Jones tinha dividido com ele.

Enquanto James pensava nisso, o telefone tocou. Era seu chefe, Jack, pedindo-lhe que fosse até seu escritório. Algo que raramente, para não dizer nunca, era algo bom.

— James! — Jack começou a falar assim que ele entrou no escritório do chefe. — Não precisa se sentar. Isso não vai levar muito tempo. Não sei o que deu em você neste último mês, mas o que quer que seja, estou gostando. Continue assim! Na verdade, estou tão impressionado com as mudanças em seu departamento que tenho um projeto que gostaria de dar a você. Há um mês não me sentiria confortável em fazer isso. Mas agora me sinto.

— Bem, obrigado. — James conseguiu falar, sem ter certeza do que pensar ou dizer. Aquilo era algo inesperado.

Estivera tão ocupado com seu pessoal e o processo de delegar com eficácia que não tinha pensado se seu chefe notaria a mudança, ou, se notasse, o que isso poderia significar. — Que maravilha, Jack! Qual é o projeto?

Jack deu-lhe uma rápida visão geral e depois juntou uma pilha de arquivos e documentos.

— Aqui está — disse ele.

Dúzias de perguntas passaram rapidamente pela cabeça de James. Ele não tinha absoluta certeza de que havia entendido o que era esperado dele e quanto tempo levaria. Não tinha muita certeza de nada, na verdade. Perguntar essas coisas o faria parecer mal preparado para a tarefa? Ele ficou lá, segurando a pilha de documentos, imaginando que era daquele modo que seu pessoal devia se sentir antes de ele aprender a delegar. Será que ele poderia aplicar o que aprendera a um superior, ao *receber* um projeto, assim como fazia com seus funcionários ao *delegar*? Lembrou-se, então, de Jones e Jennifer e decidiu arriscar.

— Jack, gostaria de conversar mais sobre este projeto para ter certeza de que entendi o que você está buscando — disse James.

— Bem, claro. — Jack parecia um pouco surpreso, mas disposto. — O que você deseja saber?

James caminhou até o quadro de Jack e pegou uma caneta.

— Você se importa?

— De jeito nenhum. Vá em frente. — Jack estava entretido, e isso transparecia em seus gestos.

— Tudo bem. Aqui está o que eu gostaria. — James rapidamente escreveu uma versão condensada das próprias anotações:

> - Resultados desejados para o projeto
> - Tempo de conclusão
> - Meu grau de autonomia
> - Pontos de verificação

Eles conversaram sobre cada uma das etapas, certificando-se de que as expectativas de Jack estavam claras o bastante para James. O gerente ouvia as instruções, depois parafraseava o que tinha compreendido, sempre perguntando "Está correto?". Se estivesse, eles prosseguiam. Caso contrário, esmiuçavam as informações.

James concluiu dizendo:

— Acho que entendi tudo agora, então vou parar de te importunar.

Jack passou o braço em volta do ombro de James enquanto eles caminhavam até a porta.

— Bem, quero que saiba que tenho ainda mais confiança em você agora. Você acabou de fazer um grande trabalho.

Tudo certo! James sabia que se sairia bem. Como poderia fracassar? Tinha enfim compreendido o que significava trabalhar de maneira mais inteligente e sem precisar sofrer tanto. Se continuasse naquele ritmo, logo receberia um aumento, ou quem sabe outra promoção.

Naquela noite, ele parou no supermercado e comprou um grande buquê de lírios para a esposa.

— Uau! — exclamou ela ao receber o buquê, e deu um grande abraço no marido. — Está se sentindo culpado ou acabou de saber de alguma herança? — Ela sorriu.

— Não, não há motivo para me sentir culpado — disse James, pendurando o paletó no armário do hall. — Pelo contrário. Posso ter acabado de negociar condições magníficas para uma nova fase da vida.

7

Por que James está assobiando?

Na sexta-feira à tarde James se aprontava para deixar o escritório para o fim de semana. Sentou-se por alguns minutos sozinho, deleitando-se com as mudanças pelas quais passou nas últimas semanas. Era muito grato a Jones e, como prometido, faria naquela noite o melhor filé-mignon que pudesse encontrar. Seria divertido reunir as famílias para uma comemoração.

James olhou ao redor, no escritório, e sentiu que tinha muito a comemorar. Agora ele podia enxergar a superfície de sua mesa! As pilhas de papéis tinham quase desaparecido. Algumas estavam em pastas, outras, em armários, ou divididas nas mesas de outras pessoas. Ele podia ouvir alguns de seus funcionários rindo do lado de fora. Todos ansiavam pelo fim de semana.

Seu relacionamento com as outras pessoas do departamento passara de algo evasivo para "trabalho em equipe". James gostava do trabalho de novo. Os dias no escritório eram mais curtos, o que lhe dava tempo para se dedicar à esposa e aos filhos. Estava encantado por conseguir ficar mais com eles, satisfeito por não ter mais a sensação de estar negligenciando o trabalho ao fazer isso.

Na verdade, ele se sentia uma pessoa diferente: leve, feliz, bem-sucedida e realizada. O estresse que os malabarismos constantes com os diferentes papéis de sua vida lhe causavam havia sumido. Ele agora tinha uma vida indiscutivelmente melhor. Tudo isso porque aprendera a simples arte de delegar com eficácia. Quem diria?

Diante dele estavam os documentos relativos ao projeto que seu chefe lhe passara. Ele sabia que realmente se sairia bem naquilo. Começou sua tarefa com entusiasmo e confiança renovados.

James caminhou até seu quadro mais uma vez e pegou uma caneta azul-escuro. Enquanto assobiava, ele fez uma lista de todos os benefícios que obtivera ao aprender a delegar de modo eficaz. Havia até mais do que tinha imaginado. Com o tempo livre que agora tinha, talvez pudesse ajudar outras pessoas a colherem os mesmos frutos que ele.

James escreveu:

Benefícios de delegar com eficácia

- Permite-me ter mais tempo livre!
- Me faz focar no que é mais importante!
- Dá ao meu pessoal a chance de crescer em termos de capacidade e confiança!

- Permite que eu desenvolva, treine e oriente minha equipe!
- Cria oportunidades de reconhecimento!
- Permite-me mapear os baixos desempenhos!
- Assegura resultados positivos!

Ajude outras pessoas a colherem os benefícios de delegar com eficácia. Compartilhe este livro com um amigo ou colega de trabalho.

Os seis passos da delegação eficaz

1. Prepare-se previamente.

2. Defina com riqueza de detalhes a tarefa a ser realizada. Seja específico. Peça à pessoa a quem está delegando para repetir as informações para você, a fim de assegurar que ela compreendeu tudo.

3. Seja claro ao definir o prazo de execução da tarefa.

4. Defina o grau de autonomia a ser atribuído a quem realizará a tarefa:

   Nível um: autonomia para RECOMENDAR.
   Nível dois: autonomia para INFORMAR sobre a ação e colocá-la em prática.
   Nível três: autonomia para AGIR.

5. Determine pontos de verificação quando for se reunir com as pessoas a quem as tarefas foram delegadas para acompanhar o progresso do trabalho e, se for preciso, oferecer orientação ao funcionário. A princípio, faça essas reuniões com frequência. Torne-as mais espaçadas ao notar que a tarefa está sendo executada sem problemas.

6. Depois da entrega, faça com o funcionário uma recapitulação completa do trabalho para discutir o que transcorreu bem, o que poderia ser aprimorado e o que foi aprendido.

Agradecimentos

Agradeço aos meus clientes que compartilharam suas esperanças e seus medos, seus desafios e sucessos. Foi — e continua a ser — um prazer tremendo trabalharmos juntos. Aprendi muito com vocês.

Sou grata à minha família e aos meus amigos pelo apoio e incentivo. Um agradecimento especial àqueles que leram os primeiros esboços deste livro e deram feedback e estímulo muito importantes: Aleta Edwards, Michael Dennis e Frank Hagel.

Obrigada, Greg Winston e Warren Farrell, por todas as dicas iniciais importantes sobre a publicação.

Um agradecimento mais do que especial à minha editora, Joyce Quick, por sua orientação e seu apoio, e por **fazer** o trabalho original ganhar vida. Espero que este seja **o início de muitos** empreendimentos que faremos juntas.

E, por fim, agradeço ao meu editor, Stephen Blake Mettee, pela decisão e pelo telefonema que tornou este livro realidade.

Este livro foi composto na tipografia Minion Pro,
em corpo 12/17, e impresso em papel off-white
no Sistema Cameron da Divisão Gráfica
da Distribuidora Record.